读创
creodion

阅　读　创　造　生　活

（美）美国型男爱读书_____著　　　树蘑菇_____译

HOT
DUDES
READING

型男　　爱读书

北京联合出版公司
Beijing United Publishing Co.,Ltd.

图书在版编目（CIP）数据

型男爱读书 / 美国型男爱读书著；树蘑菇译. ——
北京：北京联合出版公司, 2017.6
　ISBN 978-7-5502-9860-6

　Ⅰ.①型… Ⅱ.①美… ②树… Ⅲ.①读书活动－摄
影集 Ⅳ.①G252.17-64

　中国版本图书馆CIP数据核字(2017)第031455号

型男爱读书

- -

作　　者：（美）美国型男爱读书　　译　者：树蘑菇
责任编辑：喻　静　　　　　　　　　产品经理：小　乔　夏　至
特约编辑：程彦卿　　　　　　　　　版权支持：张　婧

- -

北京联合出版公司出版（北京市西城区德外大街83号楼9层　100088）
北京联合天畅发行公司发行
北京东方宝隆印刷有限公司印刷　新华书店经销
字数：50千字　787mm×1092mm　1/20　印张：10.5
2017年6月第1版　2017年6月第1次印刷
ISBN 978-7-5502-9860-6
定价：58.00元

- -

@ 型男爱读书
Instagram 账号上的评论

"我关注这个账号已经很久了，这是我做过的最
正确的决定。"

——@Kathreens

"这个账号的主人得冷冷静静，不过再兴奋个 20
年左右也无所谓，因为我特别享受 TA 的配文。"

——@katfang

"这个账号真是无价之宝，是来自耶稣的赠礼。"

——@s_veazie

"你经常能把我逗乐，谢谢你，你很快会有个好
男人的！"

——@tpwills

"因为这个 Instagram 账号，我感觉型男们都在公
共场合读书了。"

——@jshulde

"关注你是我一辈子做过的最正确的决定。"

——@ohmeavocadohmy

"为了型男而来，为了配文留下。"

——@mflana

"娶我吧，我会煮饭，还会打扫卫生。"

——@theupwardfacingdog

"配文游戏简直妙不可言。"

——@natexoh

"因为有这个账号在，我早晨才愿意起床。"

——@jackiecrespo

"真棒，太特么逗了！"

——@trippidy

"我以为只有迪士尼才能做出这么精彩的作品呢。"

——@sylmmamaaaa

"这个账号是人类的瑰宝。"

——@skowronskus

"说真的，配文简直棒极了！"

——@amenaravat

"我要嫁给管理这个账号的人。"

——@kristenannelies

"上帝保佑你们为想配文付出的精力。太赞了，
你们太赞了。"

——@cassieperalta

Do not hold doors

Do not hold doors

HOT
DUDES

READING

Do not lean on door

Do not lean on door

型男
爱读书

前言

致我的 Instagram 粉丝们，是你们让本书成功面世了！

我和我的朋友们最喜欢看你们的评论，以及对着你们的脑洞花痴。我们诚挚地感谢你们的支持。

当然了，致所有出现在《封面之间》采访栏目的男士，我真想对你们以身相许……咳咳，非常感谢你们每一个人。（一定要给我打电话哟！）

序言

————

如你所见，这本书充满了读书型男的"杀必死"。你可以等一下再给我点赞。

本书的灵感来源于一个地方——纽约市，一座诞育梦想的水泥森林。我从未想到，对着地铁站里遇到的陌生人犯花痴竟然让我在 Instagram（照片分享软件）上火了，并让我和最好的朋友合著了这本小书。如今，我们真的走到了这一步。

我们的故事由纽约开始。作为一个年轻又单身的纽约居民，你会把大把时间花在思考上——思考你的未来、你的人生目标，还有你的另一半。这片土地的活力是有传染性的，当你在混乱的城市中努力开辟自己的立足之地时，这种活力便渗入你的内心，灌溉出一株永不休眠的欲望之芽。

这并不是说沉迷于未来是纽约市民独有的特点，只不过他们经常在公共场合这样做。试想一下，在一个工作日的地铁站里，当你上班已经迟了10分钟，还沉浸在轻微的宿醉里，而你要坐的F号车从你眼前呼啸而过；又比如在一个假日，当你站在你最喜欢吃早午餐的餐厅外的人行道上，把脸贴在橱窗上，渴望一张空桌子、一杯血腥玛丽，或者是一些食物的时候；又比如在一个夏天，去往海滩的火车拥挤不堪，而你已经在里面憋了几个钟头之久的时候；又比如当你渴望逃离那些水泥、钢筋、玻璃建筑一小会儿，所以到中央公园去的时候。

试想一下，你困在地铁里，收不到 Wi-Fi 信号，又或者你走在街上，脑子里想着吃不上的火腿蛋松饼……每当这种时候，我和我的朋友最喜欢 YY 身边经过的男人们。作为"千禧一代"*的一分子（大部分意义上），我们用群组短信分享这些白日梦。我们一致同意，这些读着老派图书的男士比那些在智能手机上点点戳戳，或者戴着耳机逃避现实世界的人有吸引力多了。

2015 年 2 月，一个宿醉未醒的早上，我们决定把我们最"污"的白日梦放到 Instagram 上与世界分享。从那时开始，成千上万来自世界各地的人热情分享了我们对文化帅哥们的爱意。我们与他们联系在了一起。

出版这本书是为了感谢我们最初的支持者们，让他们可以带书回家，消磨整个夜晚。

这本书也记载了一段我们穿越纽约的旅程。这座城市让一切梦想成真，并让我们聚在一起。我们沿着从 A、C、E 到 J、Z 的每一条地铁线路游览了挚爱的城市，寻找每一个最性感的"读书人"。我们还绕路采访了一些最初出现在我们 Instagram 账号上的男士，以便寻找我们关于他们的白日梦背后的真相。

当你开始这段旅程时，我们觉得你也会同意这一点的——不论何时，不论在哪条地铁线上、哪个社区里，读书的型男永远都会出现，成为你下一个伟大白日梦的主题。记住，Jay 和 Alicia（歌手）是对的——"天下没有做不成的事，也没有追不到手的对象！"

*注 千禧一代：美国指在 2000 年左右达到合法饮酒年龄的一代人，在电脑的陪伴下长大。

目录

我并不是喜欢挑挑拣拣的人，但是在闷热的夏日，我喜欢出门坐地铁 A 线、C 线和 E 线。在洛克威海滩、西城高速和中央公园里，到处都有不穿上衣的猛男出没……好吧，我是喜欢挑挑拣拣。#你不了解我哟

华盛顿高地 —— 第 168 大街

哇哦，上次看见这么"蚌"的肌肉，
它们还泡在白葡萄酒和黄油里呢。

这些肉可能不是用来吃的，
不过它们看起来一样美味。我突然觉得好饥渴。

或许我能说服他带我去城里吃顿好的？

"来一打生蚝，谢谢！"
希望他懂我的暗示。

第 96 大街

我一直在偷看这位神秘先生，
可惜面前的"李子教授"和"孔雀小姐"把他挡住了。

我想我得再靠近点才能知道他到底是哪种类型的男人。

我敢打赌，我们了解对方的过程会很愉快的。

在暖房里 # 共度良宵

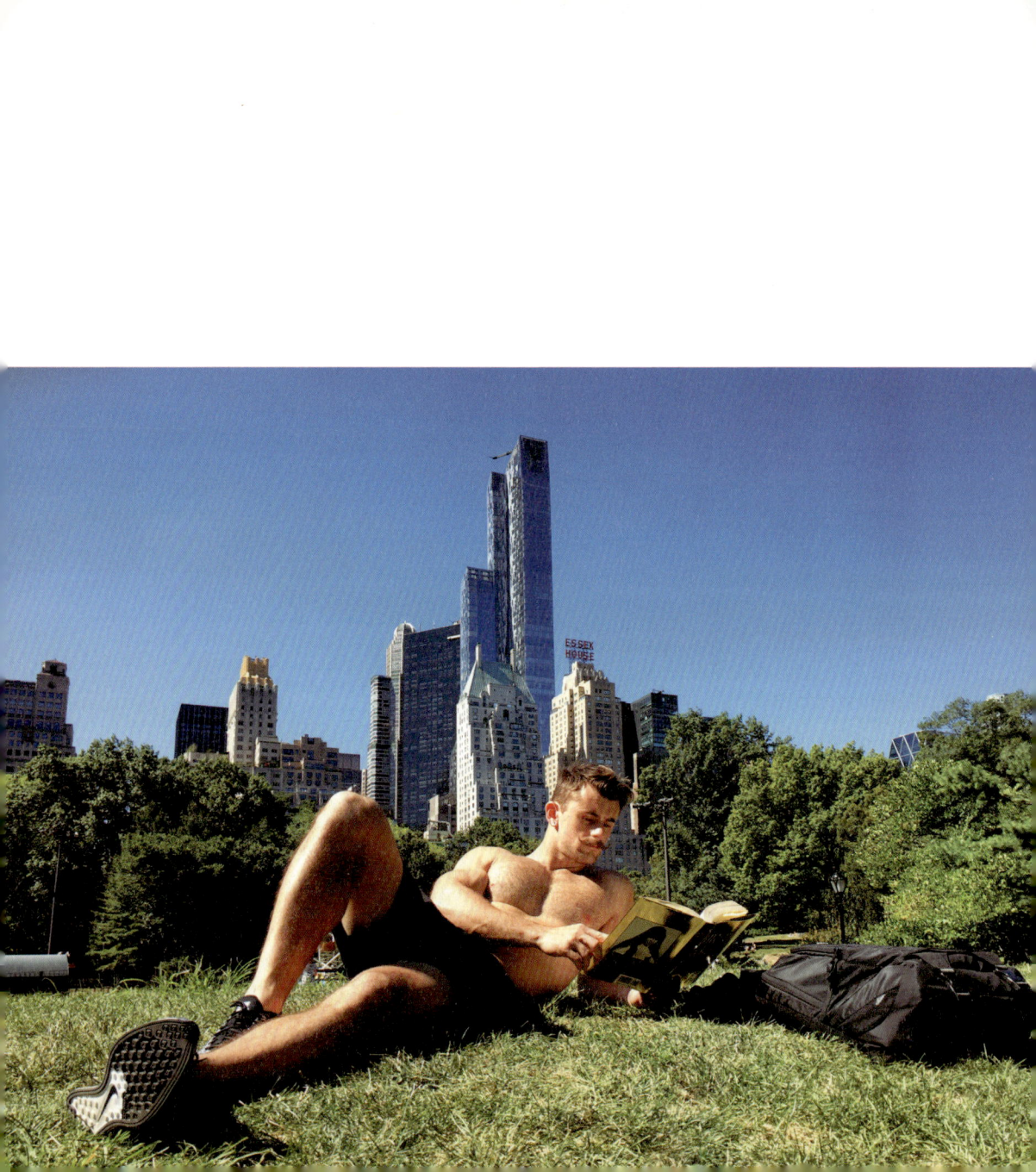

中央公园

我被这美丽的构图迷住了，
几乎没注意他后面的建筑群。

我把整个午餐时间浪费在做立卧撑和伸展运动上，
就是希望他能够注意我。

他那本书最好有些值得一看的内容，不然我身上的草
印子很难向人解释。

来呀，看我自卖自夸！

42
Street

The only reason I'd ever go to Times Square is to catch a Broadway show, but this bag-toting bookworm is a close second. He already has me doing high kicks, so let's hope this Hedwig has more than an angry inch.

#MakeMeHitThoseHighNotes

时代广场 —— 第 42 街

通常我去时代广场就是为了看百老汇演出，不过能看到背着双肩包的可爱书虫也是其中一个理由啦。

他已经让我 high 起来了。

\# 希望他只对我展现他的"阳刚气概"！

第 23 街

第八大道线路上，这些来自市中心而且穿着考究的男人从没让人失望过，这位当然也不例外。

看那剪裁合身的外套多么适合他宽阔的肩膀，我忍不住开起了脑洞。要是在一个寒冷的夜晚，他亲手为我披上这件外套，我一定会从里到外暖和起来吧！

如果我告诉他我的腿也很冷，这招儿还管不管用呢……

我已经等不及了

高线公园

哈利路亚！要是我不清楚状况，还以为上帝正在天上举着聚光灯照耀面前这位"神圣的造物"呢。

在漫长的一天工作后，我觉得他简直像天使一样圣洁美丽。

我希望，太阳落山以后他的光环也会褪去。只有这样，我才能欣赏朝阳初升时他的光环缓缓浮现出来的样子，肯定美丽无比！

还有别的东西也"升"起来了！

西四街 —— 华盛顿广场

号外号外，今天的头条：型男入侵纽约地铁！

这样的报纸标题是我喜闻乐见的，特别是让像这位一样风度翩翩的男子上封面的那种。

我的新闻学学位该派上用场了——我要做一点后续调查工作，一定要让伍德沃德和伯恩斯坦（揭穿美国水门事件的记者）为我感到骄傲。

\# 也有"深喉"¹哦 \# 大学教你的 10 件事

坚尼街

从他在读的书来判断，这位迷人的分析家有着生意人的头脑与幽默有趣的人格。

这本书的名字是《魔鬼经济学》，可以看出他有着探索天下事不为人知一面的爱好。

正巧我也是这样，我要研究一下他还有什么东西是"左侧下降"的。

#来看看需求曲线 #还有膨胀率

This station has me wondering if I've been transported from the subway to the Starship *Enterprise*, because this perfect specimen is out of this world. If there's a planet where flawless creatures like this roam free, then fire up the engines — I'm ready to blast off.

#StageFiveKlingOn

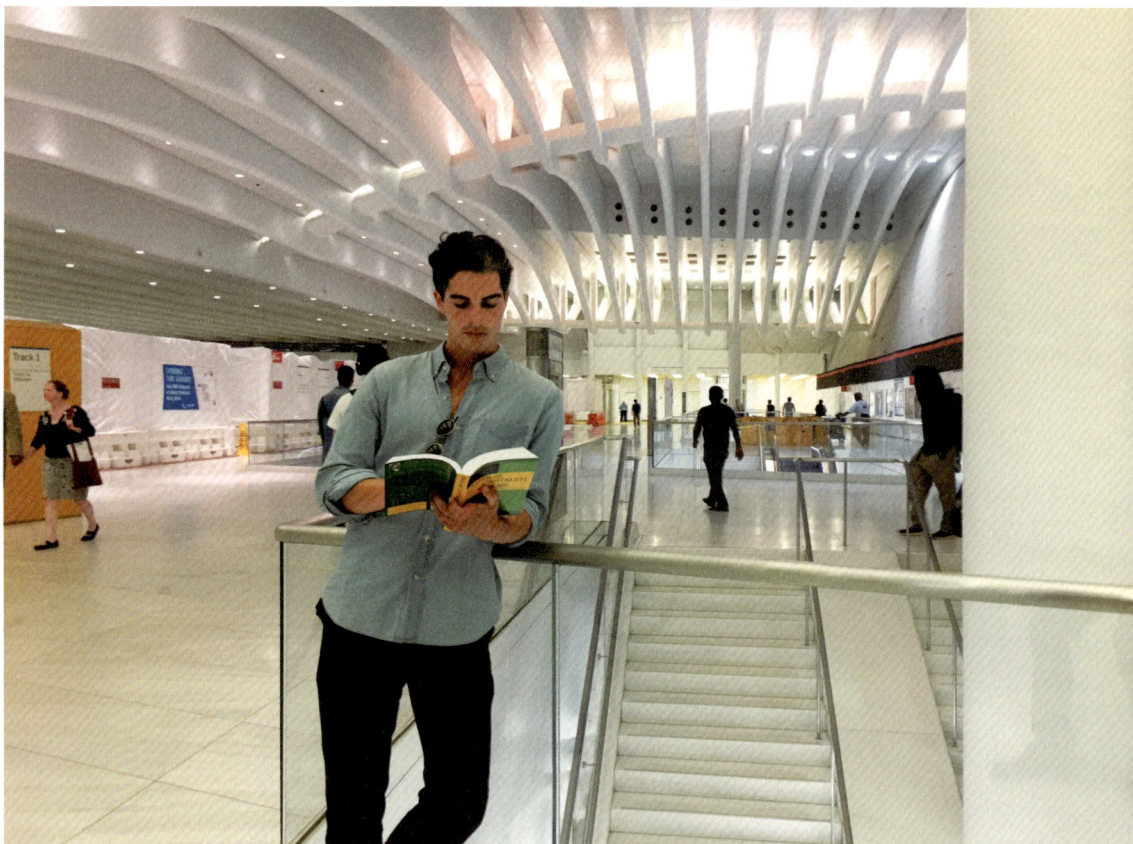

世贸中心

这一站的装修总让我有种从地铁站被瞬间移动到了进取号里的错觉，而这位型男正是外星世界的最佳代表。

如果那个星球上有如此完美的生物在漫步着，那我可要点燃引擎，准备出发了！

第五阶段克林贡式黏人 [2]

布鲁克林大桥公园

我在海滨晒太阳，瞥见了这位邂逅猛男。

从他的夏威夷风衬衫以及在景点读书的行为来看，他是那种喜欢远游的人。

我脑内出现了一大堆东西：蜜月套间、海滩上的迈泰（一种热带鸡尾酒）、夕阳下做着按摩的情侣，想太多了！哈哈……

#给我戴个夏威夷花环就好

高街

我是走进了地铁 A 线，还是一觉醒来成了约翰·休斯电影里犯相思病的主角？

自从杰克·莱恩让我们的生日愿望成真以后，再也没有穿法兰绒衬衫的男孩能如此令我心动了。

虽然地铁车厢不是什么红色保时捷，但是我还是想让他带我度过一个浪漫的假日，去属于咱俩的"早餐俱乐部"。

#在宝贝弗罗曼 ³ 订个位子 #那家店的香肠可出名了

百老汇交叉口

看这位黝黑又容光焕发的绅士！我只瞅了他一眼，就感到自己的人生亮了起来。

我想在长时间的日光浴之后，他应该很难重新适应城市生活吧。

作为欢迎委员会主席（自封的），我一定会努力让他平安度过适应期的，这样他就不会再离开了。

或者拿手铐把他铐起来

洛克威海滩

我刚翻了个身想晒晒后背，就看见了这位晒成褐色的肌肉猛男，他的手上还拿着一本好书。

现在可不是什么Ｔ恤时间，他看起来像性感版的"老状况"[4]，更有智慧，而且没有行李。

给我在毛巾上腾块儿地方，老兄，我来教你我的独门健美法[5]！

健身 # 日光浴 # 做爱做的事[6]

Just rolled over to bronze my back and noticed this buff beefcake with a good book in hand. It is denitely not T-shirt time over here. He's a hotter version of the Situation, except with more brains and none of the baggage. Make some room on that towel, bro, and I'll teach you a little something about my own version of GTL.

#Gym #Tan #Lovemaking

封面之间：
采访本·K，
又名"模范禁欲系"

型男爱读书 看了一眼这位模范禁欲系男人，我的心一下子平静了下来。他就是"完美"一词的代言人，一尊结合米开朗基罗的"大卫"与现实中的肯娃娃（芭比娃娃的男朋友）的雕像。我想赋予这无机质的造物生命，不过有的地方可不能和大卫与肯娃娃一样。＃难道他们缺大理石吗？＃肯，你还是太软了＃型男爱读书

采访

型男爱读书：你被拍的时候在读什么书呢？
本·K（BK）：我在读斯蒂芬·金的《末日逼近》。

型男爱读书：你的工作是什么？
BK：我是一个模特儿。

型男爱读书：人总是会受到过去的影响。你童年最喜欢的书是什么？为什么最喜欢它？
BK：我童年时喜欢《小熊可杜罗》喜欢得不得了，那是我读的第一本书。另外，和我姐姐一起睡前看的《晚安作品》也给我留下了愉快的回忆，我一辈子都会记得里面的插图。

型男爱读书：你最喜欢的书是什么？或者你最喜欢的作者是谁？为什么？
BK：我最喜欢的作者是费奥多尔·陀思妥耶夫斯基，我爱他爱到用他的名字给我所有的宠物命名。

型男爱读书：你是个既老派又火辣的人，是什么让你选择了读纸质书，而不是使用 Kindle 或其他电子产品呢？

BK：我还没有试过在 Kindle 上看书，老实说，我怕这些东西，怕我因为太享受这种便利而放不下它们了。我有个朋友被它们吸引住了，现在他成了电子书瘾君子，我可不想步他的后尘。

型男爱读书：一个妹子 / 汉子读什么书会显得 TA 很性感？

BK：任何会显得 TA 很有智慧的书，比如戴夫·皮尔奇和玛格莉特·怀斯·布朗的作品。

型男爱读书：你喜欢读精装书还是平装书？

BK：我喜欢平装书。

型男爱读书：描述一下你第一次在型男爱读书账号上看到自己的感受，来吧。

BK：我激动得要命。我知道是因为有个朋友在评论里 @ 了我，我简直不敢相信。

型男爱读书：上了我们的账号，给你的生活带来了什么改变？

BK：我觉得我还是像原来一样。我把我在你们账号上这图的海报挂在墙上的时候，还告诫自己我不会让 Instagram 上的内容搞乱自己的脑袋。我看过《音乐背后的故事》，知道追星族对你的感情生活会造成什么样的影响。如果他们找上门，我要礼貌而坚定地对他们说我不感兴趣。

型男爱读书：你在这之后遇到了什么桃花吗？有没有什么长期的感情关系？我的意思是……你是单身吗？我能约你吗？

BK：我是单身，但我没有因为这条 Instagram 帖子遇到什么桃花。我收到一个男人发来的消息，直接问我想不想做"应召男郎"。我不知道这种能不能叫桃花运。

型男爱读书： 同样地，你有没有用你在《型男爱读书》上的出场来钓妹子 / 汉子？

BK：我有一次试图拯救一场濒临失败的约会，向对方展示了这条帖子以表明我对社会的贡献。9 个月以后，那位可爱的女士和另一个男人生了一个更加可爱的孩子。我才不在乎她过得多幸福呢，一点也不。

型男爱读书： 老实说，你有没有因为这条帖子和人上过床？

BK：真可惜，没有。不过有一个早上我从宿醉中醒来，发现自己赤身裸体地躺在一节废弃的火车车厢里，被一圈还在烧着的蜡烛围起来，胸口还被人用猪血画了一个倒五芒星。所以，说不定呢。

型男爱读书： 作为一个补充问题，你能不能确信我们正在按上帝的旨意做事？

BK：是的，当然啦。

如果把纽约地铁线路按照"周末运营的可靠性"排个序，L 线肯定垫底。不过要是把衡量标准换成"目击型男的机会"，那它可就要持续霸榜了。我都不介意听见"L 线暂停运营"这样的消息了，因为一旦到了布鲁克林，我也要"暂停运营"了[7]。# 驶向贝德福德[8]

Download & go.
Do not hold doors
hold doors
Get a ride
in minutes
Download & go.
App Store
Google play

蒙特罗斯大街

我的老天，瞧那鼓鼓的手臂，他完全就是我的菜！

我敢打赌，这位令人想抱抱的"布什威克野兽"肯定是那种危急时刻站出来保护自己爱人的类型，说不定还会变得像绿巨人一样狂怒。

坏人面对他是没有赢面的——一定会输个精光！就像我会把他的衬衫"扒个精光"一样。

无敌大帅哥 [9]

格拉汉姆大街

这位凯鲁亚克粉丝浑身充满了"垮掉的一代"的气息，但他的全黑着装和长头发又带来了一丝来自现代的扭曲感。

他大概是个诗人，能在你的请求下把金斯伯格的作品通通背下来。

嘿，帅哥，要是你缺少灵感，我可以帮帮你。

#我知道如何让一个男人号叫

This beautiful fall weather has me jonesin' for a trip outside the city, so it's a good thing this plaid prince is already dressed for a pumpkin-picking adventure. I hope he doesn't mind getting those perfectly white kicks a little dirty, because I'm planning a detour in the haystacks.

#OneHelluvaHayride

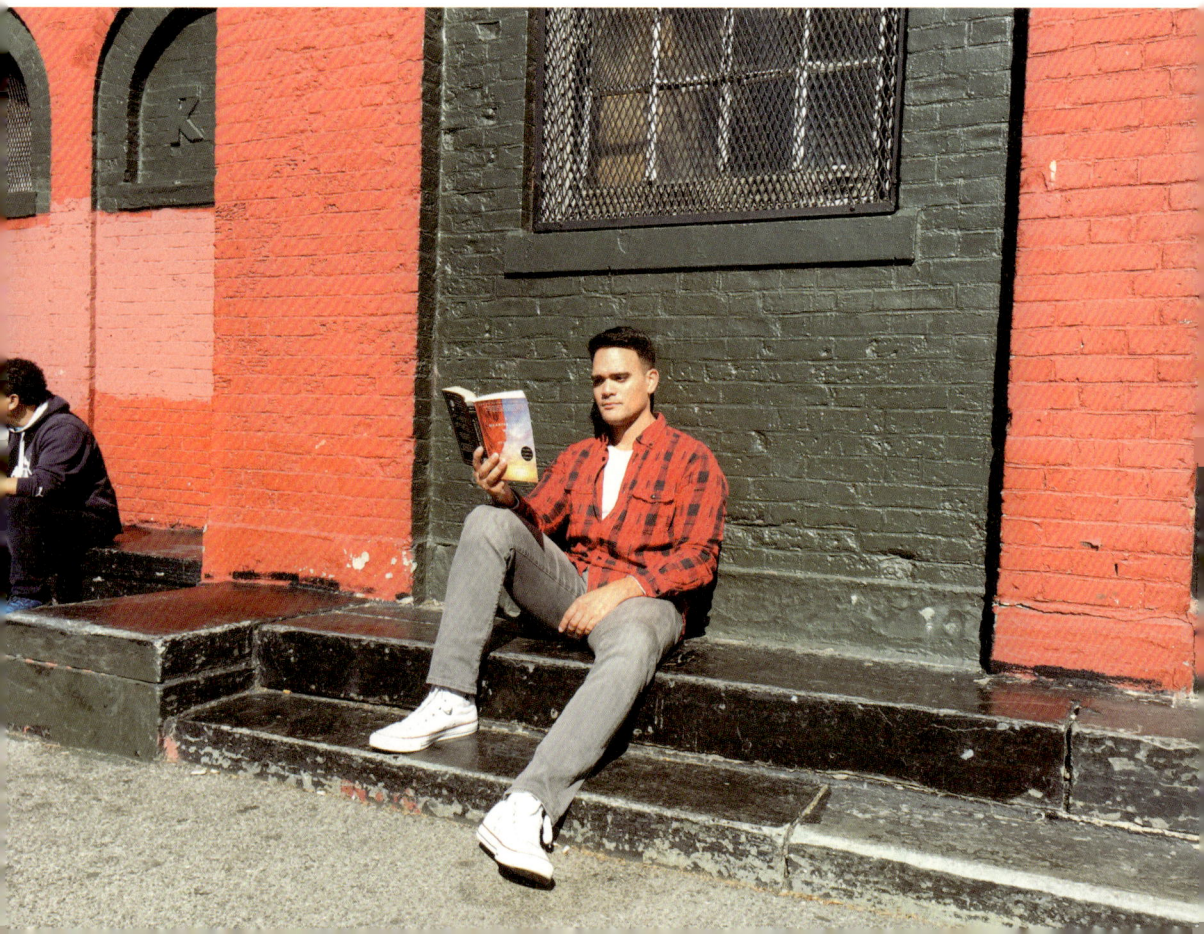

麦凯伦公园

美丽的秋光让我渴望离开城市来一次短途旅行。

这位穿格子衫的王子看起来已经穿戴整齐，准备参加一次小小的摘南瓜历险。

希望他不要介意稍微弄脏自己那双雪白的球鞋，因为我想绕道上干草堆里待一会儿。

一次伟大的夜游

东河州立公园

在小道上晨跑的时候，我看见这位蓝衣美人就来了个急刹车，差点背过气去。

他看书太投入了，我敢打赌，他不知道我假装系鞋带已经系了 5 分钟。

希望他抬一下头，欣赏眼里看到的一切，就像我欣赏我眼里看到的一切一样。

绕个圈，打个结，再把我"拉"进去 [10] ！

圣马克广场

咖啡因上瘾并不是唯一让我往咖啡厅跑的理由，还有一个重要原因，就是咖啡厅门口有这么一位端着浓咖啡的安静美男子正在等着。

人们总说他们喜欢男人就像喜欢咖啡一样，我必须同意——这两者都是迎接早晨必不可少的。

第三大街

都穿戴整齐，坐上 L 线了吗?

今天这位迷人的企业家肯定有一个重要的演讲。无论他卖什么我都会买的，因为他太可爱了！

橙子味的厕纸？买买买！电动剪刀？买买买！"喵完美"猫用毛巾？我要两条！

其实我并没有养猫

14 街 —— 联合广场

我真走运！这位有型的西装男正踏上漫长的回家路，被我看到了。

从他有范儿的夹克外套和走狂野路线的袜子来看，他完全不介意显摆自己喜欢的颜色。

实际上，他的搭配太棒了，我也想给他看看我的。

酷男穿什么都很搭

第八大街

没有比肉类加工区更适合结束我的"全市最美地铁线路"之旅的地方了。

看见这位小鲜肉，我心里涌起了一种冲动，想让他现场演示一下这个街区是怎样得名的。

不过，他身后的字样提醒我要从容一点。况且，如果他先开口，事情就简单多了 。

\# 就像从婴儿手上拿走糖果一样

封面之间：
采访拉姆齐·M，
又名"甲壳虫汁"

型男爱读书 在开往布鲁克林的车上，这位的穿着简直引领艺术潮流。他要不然就是去麦凯伦公园给飞盘锦标赛当裁判（这也是一件重要的事，不是吗）；要不然就是刚试镜《甲壳虫汁 3》回来。我希望是后者，因为他是那种让我"三次呼唤他的名字"[1]的男人啊。# 带我去你的冥府吧！# 型男爱读书

采访

型男爱读书：你被拍的时候在读什么书呢？
拉姆齐·M（RM）：戴夫·艾格斯的《国王的全息图》。

型男爱读书：你的工作是什么？
RM：我是尼克国际儿童频道的高级设计师。

型男爱读书：人总是会受到过去的影响。你童年最喜欢的书是什么？为什么最喜欢它？
RM：哈哈，我最喜欢的是一本叫《蜘蛛阿南西的故事》的书。那是一本小孩看的书，讲的是阿散蒂神话里月亮在天空中找到自己位置的故事，书里的插图特别好看。

型男爱读书：你最喜欢的书是什么？或者你最喜欢的作者是谁？为什么？
RM：戴夫·艾格斯，我一直是他的粉丝。最近我读了他的《圆圈》，怎么看都看不够，这本书让人重新审视信息时代的隐私问题。

型男爱读书：你是个既老派又火辣的人，是什么让你选择了读纸质书，而不是使用 Kindle 或其他电子产品呢？

RM：我们盯着荧光屏看的时间太长了。我喜欢翻阅卷角了的书页时的触感，当我读完一本书，这些书页对我而言就像一件件战利品——就像动物标本之于猎人。

型男爱读书：一个妹子 / 汉子读什么书会显得 TA 很性感？

RM：哈哈，这真是一个复杂的问题。我觉得读布可夫斯基挺性感的，还有所有"垮掉的一代"的诗人和作家的作品，及加缪、尼采、《动物变形人》系列、《鸡皮疙瘩》系列、谢尔·希尔弗斯坦的作品。

型男爱读书：你喜欢读精装书还是平装书？

RM：平装书手感好，携带方便；精装书摆在书架上好看。不过书嘛，就是用来看的，所以我支持平装书。这个答案太没特色了，我懂。

型男爱读书：描述一下你第一次在型男爱读书账号上看到自己的感受，来吧。

RM：我一个发小发了截图给我看。说真的，我觉得特别惊奇。和其他被拍到的人比起来，我感觉自己差远了。不过我觉得很荣幸，还有点受宠若惊了！还有照片下的配文，给我的朋友圈带来了无尽的欢笑。配文作者应该自己搞个电视节目或者写本书，等等……你好像已经写了……

型男爱读书：上了我们的账号，给你的生活带来了什么改变？

RM：没什么很大的改变。我有几个约会对象提起这个，问是不是我，我想我的前男友们看到这个了（这让我满意得很）。我妈妈感到非常骄傲。

型男爱读书：你在这之后遇到了什么桃花吗？有没有什么长期的感情关系？我的意思是……你是单身吗？我能约你吗？

RM：哈哈，我不敢自己提起这个。感觉是不是挺掉价的？嘿，你看我上了 Instagram，快来约我！约约约！我现在是单身，所以你可以打电话来。

型男爱读书：同样地，你有没有用你在《型男爱读书》上的出场来钓妹子 / 汉子？

RM：没有。

型男爱读书：老实说，你有没有因为这条帖子和人上过床？

RM：我和一个看过这条帖子并且认为它很有趣的人嘿咻了，不过我不敢说两者之间有没有直接联系。

型男爱读书：作为一个补充问题，你能不能确信我们正在按上帝的旨意做事？

RM：但愿在天上荣耀归于上帝，在地上平安归于主所喜悦的人（出自《荣归主颂》）。阿门！

Uptown & The Bronx ① ② ③

Downtown & Brooklyn ① ② ③

Free Mini Makeover

SEPHORA

小心了，你正要进入警戒地带。这些地铁线路太危险了，遇上的型男数都数不过来。你可能正好和一个上课途中的英俊研究生撞上，也可能和一个从博灵格林来的高端人才玩瞪眼。一旦你找到了约会对象，剩下的就和从 1 数到 3 一样简单了。#就像我一样 #开玩笑的 #差不多吧

哥伦比亚大学

我的一天从校园开始，现在正是上课时间。

看见四肢和大脑一样发达的型男总是让我身心愉悦，这位火辣的助教更是让我感到宾至如归。

我要在他的办公时间去找他，教他 T 和 A 到底是什么意思[12]。

在实践中学习

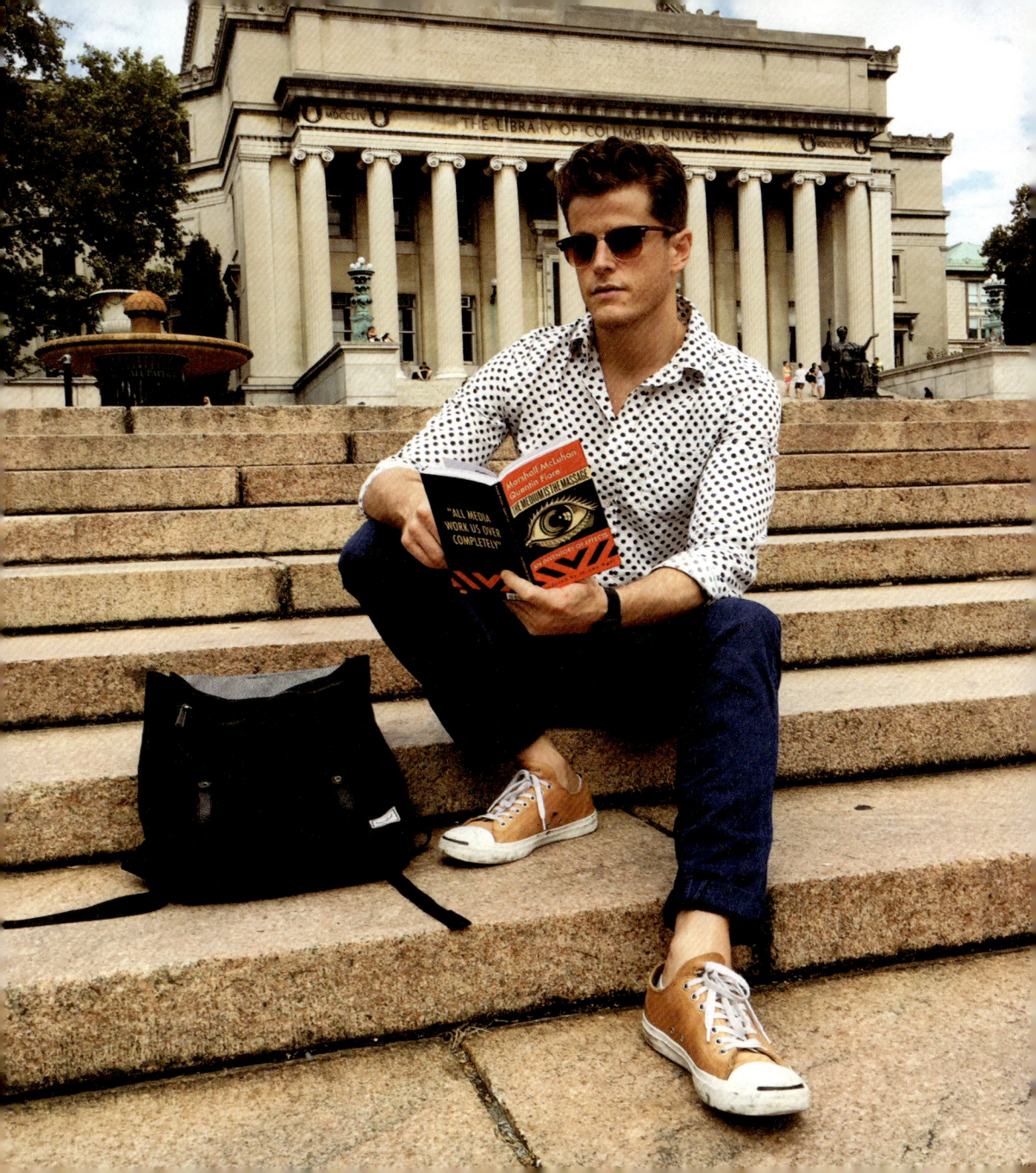

72 大街

从破旧的书页以及用胶带粘上的封面来看，他是一个品位固定并且喜欢回顾过去的人。

他肯定是街头巷尾各种商店的常客。

不久后，我就要让他去的餐厅里的侍者知道我的口味；让他光顾的酒吧招待知道给我倒什么酒；让他住的公寓门卫每天晚上向我挥手致意。

#以及，在第二天早晨

哥伦比亚圆环

关于"爱的五种语言"（图中男子正在读的书的名字），
我不知道自己能说哪一种，不过这位有头脑的金发帅
哥肯定五种都说得很流利。

或许他可以给我当翻译，毫无保留地教我——我的外
语一直都不怎么样。

只有情话说得不错

I can't say I've ever enjoyed being in Penn Station, but this classic cutie is making this sweatbox tolerable. It's always refreshing to see a guy con dent enough to rock a plain white tee. Add him to the list alongside Marlon Brando, James Dean, and Adam Levine . . . but there's another list I'd like to add him to first.
#AnotherNotch #ThisBeltIsGettingTight

34 街纽约火车站

我从来就不喜欢纽约火车站，不过能捕捉到这位经典
款小可爱，这个蒸笼一样的地方也变得可以忍受了。

有自信穿白 T 恤的汉子总是让人耳目一新，我要把他
加入我的白 T 恤名单里，和马龙·白兰度、詹姆斯·迪
恩以及亚当·莱文并列。

不过在此之前，我还要把他加入另一份名单里。

#又需要打个扣眼了 #我的腰带越来越紧了 [13]

克里斯托弗街码头

这人是认真的吗？

留着一脸漂亮的大胡子，扎着一个完美的小发髻，还选了这么一个最高级的读书地，连中三元，他的形象简直像个梦中情人。

要不是他看起来躺得舒舒服服的，我就要在他身边躺下，并告诉他他不是唯一一个喜欢横着来的人。

竖着也行 # 斜着也不错 # 这到底啥意思

40 号码头

这位性感的前锋肯定正在打发下次训练之前的时间，我想成为第一个帮他热身的人。

一般情况下我会离运动场远远的，生怕飞来的横球打中我的鼻子。

不过为了他我愿意破例，我希望我能应付他的"操练"。

这就是我的社交生活

休斯顿街

时间正好！我们即将到达终点站，他也差不多读到书的最后一页了。

我要乘虚而入，提个建议——一起去喝一杯，好好讨论一下书的内容怎么样？

虽然我并没有读过这本书，但没问题，我可以假装我看过，反正在讨论书之前，我们还有更加"重要"的话要说呢。

医生，我一周只喝 5—7 杯小酒 # 我发誓

Perfect timing—we're nearing the end of the line just as he's coming to the end of his book. I should swoop in and suggest we discuss it over drinks, even though I haven't exactly read it yet. Not a problem: I've had to fake my way through more important conversations before.

#Only5to7DrinksAWeekDoc #ISwear

博灵格林

这位令人着迷的"潮客"给常见的金融区西装革履打扮
带来了一番新气象，特别是那衬衫下面露出来的文身。

我忍不住想，他的衣袖底下还会有多少"秘密"？

封面之间：
采访本·R，
又名"男士发髻"

型男爱读书 忘掉#"周一男士发髻"[14]吧——我可以想象自己和这位"大块头"在一起的情景。每隔一天出门约会一次，周日一天约会两次！他看起来是那种外表强硬、内心敏感的健身教练，他开的课程一定是人满为患。不过，那些健身爱好者一定没有机会像我一样好好观察他——头发放下来，结实的肌肉浸在浴缸的水里，手上拿着一本好书，被烛光和泡泡包围。#近距离私人订制健身计划 #型男爱读书

采访

型男爱读书：你被拍的时候在读什么书呢？

本·R(BR)：我在看《红楼梦》。

型男爱读书：你的工作是什么？

BR：我是布莱特艾奇新商务团队的项目经理。

型男爱读书：人总是会受到过去的影响。你童年最喜欢的书是什么？为什么最喜欢它？

BR：或许这个回答太老掉牙了，不过我最喜欢《哈利·波特与魔法石》。英国文学是我的良师益友，没有什么能比得上它。我不仅读了这本书，我还把内容嚼烂了"吞"进了肚里！我至今惊叹于书里复杂的句子结构和平实亲切的语言描写，我读它已经读了十几年了。这告诉了我在合适的时间看适合自己的书是多么重要！

型男爱读书：你最喜欢的书是什么？或者你最喜欢的作者是谁？为什么？

BR：我喜欢看图像小说和一些现当代作品。不好意思咯！还有成瘾戒断回忆录。我最喜欢的作者有威廉·斯泰伦、恰克·帕拉尼克、威廉·巴勒斯（我腿上有个文身，中间的眼睛就是巴勒斯的）、托妮·莫里森、查尔斯·布可夫斯基以及其他很多人。

型男爱读书：你是个既老派又火辣的人，是什么让你选择了读纸质书，而不是使用 Kindle 或其他电子产品呢？

BR：探究一本纸质书的感觉太令人满足了。走进一家本地书店或者特色商店，买下一本书，回家把它打开；在社交媒体、《纽约时报》和《华尔街日报》的图书评论区等位置找到一本新书，然后把它买下，拿在手上。每当这个时候，我感觉电子产品对我生活的影响降低了。我有一个 iPad，我在上面看 DC 漫画、商务及销售类图书。不过任何离我的脸两英尺 [15] 左右、会发光的屏幕都给我一种还在工作的感觉。

型男爱读书：一个妹子 / 汉子读什么书会显得 TA 很性感？

BR：这个问题问我不合适。有一句老话是这么说的："你不能根据封面判断一本书的价值。"同样地，你不能根据别人阅读的书来判断 TA 的内在。"嘿，你喜欢《坎特伯雷故事集》吗？""我好喜欢、好喜欢呀，我的教授……"

型男爱读书：你喜欢读精装书还是平装书？

BR：在家喜欢精装书。毕竟精装书的装帧是那么精致，你可以慢慢享受，把书页折成你自己喜欢的形状。出门我喜欢读平装书，因为携带方便，你可以把它放进随身的包里，在拥挤的车厢中打开来看；或是在海滩上阅读，书页打湿了就用手拍拍。平装书都是可以移动的故事。总而言之，我觉得平装书还是更胜一筹。

型男爱读书：描述一下你第一次在型男爱读书账号上看到自己的感受，来吧。

BR: 我收到了一大堆来自我女朋友的朋友的支持信息，以及我很久不联系的高中同学发来的有点恶心的短信。我觉得有点羞耻，感觉像打开了一本有自己照片的书一样。所以网络博客真的是不可小觑！

型男爱读书：上了我们的账号，给你的生活带来了什么改变？

BR: 我现在的生活有两个奇怪的变化：一是我的 Instagram 有了 40000 粉丝，还有 5000 条以上来自世界各地的评论；二是多亏了我的女朋友一家，我现在在俄亥俄州的托莱多成了热门人物。这是否让我在工作中感到一点小尴尬呢？我是否"喜欢"这小尴尬呢？答案都是"是"。

型男爱读书：你有没有利用你在《型男爱读书》上的出场来钓妹子 / 汉子？

BR: 我还没有那样的机会。不过当一个朋友说我在 Instagram 上很火的时候，我感到这是个很好的拉关系的话题。另外，它还让我成了一个很好的"僚机"¹⁶，特别是当这些人知道我已经有对象了的时候。女孩们是被《型男爱读书》吸引来的，不过她们都成了我的好朋友。

型男爱读书：老实说，你有没有因为这条帖子和人上过床？

BR: 每一个"僚机"或多或少地都认为自己对帮助好朋友得到女性的青睐负有责任，把我促成的桃花关系累积起来，大概抵得上一次滚床单吧。

型男爱读书：作为一个补充问题，你能不能确信我们正在按上帝的旨意做事？

BR: 加油干！把你们"爱读书，爱型男"的信条传递给大众！《型男爱读书》实体书是不是集合了很多你们最好的文章？让我也加入"传教"的行列吧，我是一个耐心而且文雅的老师。

↓ **4** **5** **6** Downtow

4

5

4、5、6 号线是带你去幻想世界的最佳选择。在上东区邂逅一位带有现代范儿的盖茨比 [17]；在中央火车站遇见一位当代的霍尔顿·考菲尔德 [18]；或在南码头出海，寻找属于你自己的莫比敌 [19]。谁知道呢，你还可能和你的梦中情人在蒂凡尼面对面地吃早餐。# 别对我太温柔

6

华尔街

虽然 6 号线又老又破，但是一次深夜的乘坐让我对它
有了崭新的认识。

这位华尔街猛男让我燃起了午夜激情，因为金钱永不
眠……我们也一样。

#股票与束缚（美剧《法律与秩序》其中一集的名称）

布鲁克林大桥 —— 市政厅

你好，陌生人！你为何一身白衣，四处流浪？

要不要牵着我的手，和我一起去市政厅，宣誓你永远
对我忠诚？

别急，仪式会很快结束的，因为我已经开始准备蜜月
计划了。

洞房站

Hey stranger, what are you doing all dressed up in white with nowhere to go? How about I take you by the hand and march you up to City Hall to make an honest man of you? Don't worry, it'll be a quick ceremony, because I'm already planning ahead for the honeymoon.

#ConsummationStation

巴勒客街

我是在准备去找朋友喝一杯的路上见到这位"加州梦"同学的。

一见到他，我的下巴都掉下来了！或许是因为他肌肉结实的手臂，又或是因为他那带着热带风情的夹克衫。看上去他白天都在海边冲浪，晚上则一瓶接一瓶地灌长岛啤酒。

我相信，他会给我表演几个酷炫的冲浪技巧的，不过我只关心他能不能做十趾驾驭[20]。

#英寸[21]#它是这个意思对吗

14 街 —— 联合广场

这大概不是个看书的好地方，不过看来某些人并没有抱怨。

他明显是个勇于在一些"不合适"的地方展现自我的人，所以，我们应该找个好地方，做一些私人的事情。唉，怎么就没有一节车厢是空着的呢？

从现在开始我就是乘务员

33 街

型男买二送一！

不需要"欢乐时光"，这两位绅士已然让我迷醉在爱河中了！

"商务款"和"派对款"叫我选哪个好？等等，或许我不需要选……只有两个人有什么意思？

有三个人就能开派对了！

圣彼得大教堂

上帝一定是想让我进教堂了，所以才在前门台阶上放了这么一个"诱饵"。

我得去忏悔自己脑内对这个小天使产生的一大堆罪恶念头，只怕我需要马拉松那么长的忏悔时间才能说完。不过呢，被"净化"最妙的部分在于，在那之前要先"弄脏"自己。

86 街

太火辣了，这个猛男全身上下都是由我高中时的幻想组成的——英俊的面孔、校草式的头发、曲棍球队长一样的身材。

我打赌，他很熟悉露天看台上的那个"老位置"。

我希望他不要赶着回去上家政课，因为我要把他身上的纽扣一颗颗解下来。

今晚就像毕业晚会一样

125 街

根据他熨帖整齐的西装判断，他是那种做事条理分明的人。

我脑补了一栋高层公寓、一个存货齐全的厨房，以及一个用颜色编了号的衣柜，或许他定做的床单都叠好了。

我希望他的织物密度[22]比我银行账户里的数字高些。

三个数字

161 街 —— 洋基体育场

看比赛要晚了，我正冲下台阶，看见这个大男孩，结果来了个急刹车——我没想到会在公园里看见他这样的运动员。

我一下子不再关心球场上的情况了，唯一关心的只剩下了比分。

他也许不是球员，但是他今晚肯定能上三垒。

挥挥手，送他回家

封面之间：
采访乔恩·J，
又名"罗密欧"

型男爱读书 他的书虽然有些破烂，但他是个举止优雅的人。他看上去像要在公园里上台朗诵莎士比亚似的，我很愿意做他的朱丽叶。幸好他听不见我脑内出现的独白。#来吧，我的蒙太古 ²³ #型男爱读书

采访

型男爱读书：你被拍的时候在读什么书呢？

乔恩·J（JJ）：约翰·珀金斯的《一个经济杀手的自白》。

型男爱读书：你的工作是什么？

JJ：我在一家工程设计与咨询公司工作，我是一名机械工程师。

型男爱读书：人总是会受到过去的影响。你童年最喜欢的书是什么？为什么最喜欢它？

JJ：《牧羊少年的奇幻之旅》。圣地亚哥是一个好奇心重而勇敢的少年，为了寻找宝藏踏上旅途。这是一本惊险刺激又具有现实意义的小说，描述了一个关于追逐梦想、个人成长以及达到更高阶段的自我认知的故事。从我还是一个小男孩起到今天，我每次读这本书都有同样的感受，会问同样的问题，寻找同样的答案。

型男爱读书：你最喜欢的书是什么？或者你最喜欢的作者是谁？为什么？

JJ：荷默·哈德雷·希坎姆的《火箭男孩》。希坎姆成长于 20 世纪 60 年代早期西弗吉尼亚州的一个煤矿小镇里。他打破世俗偏见，克服了不可能的困难，最后成为一名 NASA 工程师。他坚定的意志与脚踏实地的精神一直是鼓舞我的动力。

型男爱读书：你是个既老派又火辣的人，是什么让你选择了读纸质书，而不是使用 Kindle 或其他电子产品呢？

JJ：有时候，老派才是最好的。

型男爱读书：一个妹子 / 汉子读什么书会显得 TA 很性感？

JJ：神秘、恐怖、科幻以及以心理为主导的小说……所有能发挥读者智慧与想象力的读物。丰富而不受约束的想象力让世界变得有趣，或许会带来一些危险，但是比沉闷无聊好太多了。

型男爱读书：你喜欢读精装书还是平装书？

JJ：既然我们在说双关语，我得说，这个问题得具体问题具体分析。书的类型、读书的时长以及次数都要纳入考虑。

型男爱读书：描述一下你第一次在型男爱读书账号上看到自己的感受，来吧。

JJ：我记得我当时非常困惑。我收到几个朋友发来的截图，还有人说我在地铁 E 线上宣传当今年轻人读书的重要性呢。

型男爱读书：上了我们的账号，给你的生活带来了什么改变？

JJ：我妈妈一直让我用这个新的"优势"找女朋友，成家立业，扩大我们的家庭。

型男爱读书：你在这之后遇到了什么桃花吗？有没有什么长期的感情关系？我的意思是……你是单身吗？我能约你吗？

JJ: 没有，我还是单身。我什么时候去接你？

型男爱读书：你有没有利用你在《型男爱读书》上的出场来钓妹子 / 汉子？

JJ: 我不会提这件事的，我讨厌自吹自擂。

型男爱读书：老实说，你有没有因为这条帖子和人上过床？

JJ: 没有，女士 / 先生。不过现在就断言还为时过早不是吗？

型男爱读书：作为一个补充问题，你能不能确信我们正在按上帝的旨意做事？

JJ: 当然啦。你们给一群值得这一切的男士提供了僚机服务，宣传了阅读的好处，还给女孩和年轻女性提供了挑选对象的新标准。型男爱读书，干得好！真的。

Uptown, Queens & The Bronx

B、D、F 和 M 线就像一间提供多种口味的品酒室。你可能在埃塞克斯遇见一个纯朴的下东区艺术家；如果你想要奢侈一点的类型，也尽可以逮住一个三十几岁、成熟有为、穿着有烟味外套的男子。无论你挑了哪一款，事情都会进行得很顺利的。＃我要选一个有六块腹肌的！

96 街

这位帅得过分的男子让我脑内产生了各种各样不老实的念头。

他靠在柱子上的样子就像要来一段"魔力麦克"[24] 表演一样。

真不错，我找了个第一排的座位，还可以用单身狗的身份给他来一场钞票雨 。

在香槟包房等我哟 # 再等一首歌的时间

72 街

列车已经在站里停了 5 分钟了。

然而我几乎没注意到这件事，眼睛一直盯着这个走破烂风路线的小可爱。这些裤子上的裂缝让我对穿着它的男人产生了强烈的印象，我好想看更多呢。

还好他不会介意衣服撕破一点，我可不是个好裁缝。

不过我还是可以为他"穿针引线"的！

I was reading on my lunch today, when I noticed this dude who... this death experience would be totally worth it if it means he'll come to the rescue with the heimlich. I've got a few other maneuvers in mind that I'd use to return the favor.

#MoreThanHeimLICK

布莱恩公园

看见他躺在身边，我差点没被自己的午饭噎死。

如果他给我做海姆立克急救法 [25]，来一次濒死体验也不错。我已经脑补出好几种报答他"恩情"的方式了。

#是嗨姆立克才对！

麦迪逊广场

通常我会对着全纽约最好吃的汉堡店里的肉流口水，不过今天，另一种类型的小鲜肉夺走了我的注意力。

他看上去打算舒舒服服地在公园里度过一个下午，我希望这块"A级牛肉"需要个伴儿，我们可以交换最喜欢的作家，在公园里漫步。

在那之后，我们可以分享一两块小馅饼。

直到他愿意看看我的小馒头

DOGS CONCRETES BURGERS FROZEN

百老汇 —— 老佛爷街

这位全神贯注的美男一点也没有注意到他身边的即兴
演奏，我真想知道什么才能吸引他的注意力。

无论哪一种，我的表演一定会在一次热烈的起立鼓掌
声中完美结束。

或者，两次？

地兰西街 —— 埃克赛斯街

奇事儿，奇事儿，F 线又一次晚点了！

这次我不是很在意，因为这个男人有时间放下那本书，做点什么了。

他很快就会知道，有些事值得花时间等待——比如下一部《权力的游戏》、新出的 iPhone 以及推迟了的婚期。

\# 大家都会这么说的 \# "大家" 又是谁啊？！

展望公园

大个头和小把戏——我倒！

这位十全老爸或许已经名草有主了，不过谁规定我不能看了？他什么都有了——品位、身材，还有小宝贝。

我也要动身散散步，寻找我的那个他了。这里叫作"展望公园"可不是没有理由的！

#这散步的时间可就长了 #我可是随身带着步行鞋呢

教堂大道

车厢里没有空调？这不是问题！越是像蒸笼一样热，这位猛男看上去越火辣。

再热个两度，我估计他就会扯掉那件无袖衫了。要不然我会马上晕倒……因为温度太高了，我保证。

保持淡定 # 你可以做到的 # 好吧做不到 # 求救吧

国王高速公路

究竟是因为这位绅士太帅了呢，还是他身后的垃圾堆实在太臭了？

我感觉很虚弱，膝盖直打弯儿。这就是你待在一趟拥挤的地铁上的空车厢里所要承担的风险了。车门一开我就要撒腿冲出去，信不信由你，我还要把他带上！

#型男不能被留下

康尼岛

我一直是个不敢玩跳楼机的尿货，不过现在我已经找到了一个强大的男人来帮我克服恐惧了。

有他在我身边，康尼岛上什么翻来覆去、直上直下的游乐项目我都应付得来。很快，我们的票就会用完了。那时我们就回家，来一个完全不同的"刺激项目"。

\# 他会想要一张季度通票的

I've always been a wimp about that first big drop, but it looks like I've found the perfect strongman to help me get over my fear. With him by my side, there isn't a twist, bend, or drop on Coney Island that I can't handle. Soon enough, we'll be out of tickets and headed home for a different kind of thrill ride.

#HesGoingToWantASeasonPass

封面之间：
采访维克托·R，
又名"纽约时装周模特儿"

型男爱读书 我喜欢让人眼前一亮的男人。这位看起来像一个刚从时装周的 T 台上走下来的顶级模特儿！我用尽所有的理智压抑自己心中那个嗷嗷号叫的脑残粉，但是我心中的一小部分还是想冲向他，像个在单向组合演唱会上要签名的小女生一样。要是我有个让他签名的地方就好了！嗯，应该好好考虑考虑…… # 在我身上签下你的大名吧 # 纽约时装周模特儿 # 型男爱读书

采访

型男爱读书：你被拍的时候在读什么书呢？

维克托·R（VR）：大卫·里邱的《如何成为一个成年人：心理 - 逻辑和精神整合的手册》，有点奇怪吧。

型男爱读书：你的工作是什么？

VR：我是一个 9 岁孩子的父亲，我也靠当模特儿和演戏赚钱，我还是一个诗人和胸怀大志的摄影师。

型男爱读书：人总是会受到过去的影响。你童年最喜欢的书是什么？为什么最喜欢它？

VR：梅瑟·迈尔的《我的壁橱里有个大噩梦》。书中的小男孩向他的恐惧敞开自己，面对他的恐惧，还与它成了朋友。

型男爱读书：你最喜欢的书是什么？或者你最喜欢的作者是谁？为什么？

VR：现在我最爱的书是理查·巴哈的《梦幻飞行》。我爱他的写作风格！他的作品感觉上既有惠特曼的内在精神，又有《旧约》一样的力量。

型男爱读书：你是个既老派又火辣的人，是什么让你选择了读纸质书，而不是使用 Kindle 或其他电子产品呢？

VR：书本让你感觉很真实。我还写作，也写诗歌，所以我尊重创作过程。数字产品感觉太简单了。是的，我完全理解数字技术也是艺术的一种，也是一种表现内容的平台。我只是想离开电子屏幕休息一会儿——触摸、感受书页，使用一个书签，然后打开我读到的那一页。我整天都在打电话、发电子邮件，做各种愚蠢的事情。一本书对我而言就是一种放松、一次探索。

型男爱读书：一个妹子／汉子读什么书会显得 TA 很性感？

VR：任何能够扩大一个人视野的著作。你孩子的作业、自助心得、诗歌、论文、圣文、盲文、玄学、艺术、各种指南书、使用手册，任何让你读着爽的书，任何能让你发现自我、得到人生意义的著作。

型男爱读书：你喜欢读精装书还是平装书？

VR：这个问题太私人啦！我得说，平装书，不过得非常非常厚才好。

型男爱读书：描述一下你第一次在型男爱读书账号上看到自己的感受，来吧。

VR：我怎么没发现偷拍这张照片的那个忍者？……我的裤子怎么看上去那么紧？……我干吗以那种姿势坐着？……我身边那位一脸不爽望着我的女士是谁啊？……我的包为什么大开着？……我的帽子为什么离我脑袋那么远啊？……我讨厌刮胡子。这些就是我看到照片的时候脑子里冒出来的想法。P.S. 无论是谁写了这下面的文字，你只要过来问我要签名就行啦！

型男爱读书: 上了我们的账号，给你的生活带来了什么改变？
VR: 我并不觉得这改变了我的生活。我的朋友觉得我被抓拍什么的很好笑，所以这件事给我们带来了一些有趣的对话吧。这张照片下面有好多好笑的评论，还有 34758 个"赞"，太疯狂了——我刚刚在地铁里看到的。

型男爱读书: 你在这之后遇到了什么桃花吗？有没有什么长期的感情关系？我的意思是……你是单身吗？我能约你吗？
VR: 我不确定我是不是通过它有了约会。或许有些 Instagram 上的调情吧，没有较长期的关系。我是单身，但我都不知道你是男人、女人，抑或是一个来自柬埔寨的小孩，我只知道你在用电脑。你可能人在监狱里？我刚从一次失恋中走出来，现在还在舔舐伤口，我很快就会重新回到市场上的。

型男爱读书: 你有没有利用你在《型男爱读书》上的出场来钓妹子/汉子？
VR: 没有。我是不是该试试？

型男爱读书: 老实说，你有没有因为这条帖子和人上过床？
VR: 自慰算吗？

型男爱读书: 作为一个补充问题，你能不能确信我们正在按上帝的旨意做事？
VR: 你们在做好事。或许我该把这张照片印成海报在城里到处发，再印成 T 恤衫！

虽然 G 线地铁慢悠悠的，但是你一旦乘上它，它就会让你大开眼界——就像地铁上的男人们会让你大开眼界一样。这些来自布鲁克林的小可爱都有着极好的涵养，知道耐心等待的好处。说到底，坐特快列车或许是挺有趣的。

法院广场

哦啦啦，我注意到这位英俊的男子正在读法语书（迷醉中）。

除了"亲吻"和"干杯"，我知道的唯一一句法语是"Voulez-vous coucher avec moi?"

我不是很清楚它到底是什么意思，不过它要是对《红磨坊》中的女孩有效，那我也肯定可以用它，不是吗？

#GiuchieGiuchieYaYaDaDa[26]

绿点大道

坐着 G 线穿越布鲁克林，我知道我一定会看见一些严肃稳重的大胡子男人，不过这一位还是在我的期望值之上。

他看书的样子，就像是在看着我们在卡茨基尔小屋里那些摆放得整整齐齐的自家切割原木一样，他还会用当日捕到的鲜鱼给我们做一顿美味的晚餐。

#给我下饵，捕获我吧！

法拉盛大街

来看这位英俊的历史学家，正在读《别人的钱》。

我正好是这个领域的专家，可以教他任何他想知道的事，在我们一起喝东西、吃晚饭，以及早上一起做鸡蛋和松饼的时候。

\# 双面煎蛋 \# 他用黄油抹锅 [27]，而不是贝蒂妙厨松饼预拌粉哟

富尔顿街

他身上的某些地方让我觉得他真是个小甜心，就像那种不会叫醒靠在自己肩上睡着的陌生人的好人。

或许我应该闪到他身边去，然后……不，这有点太过分，是吧？

#所以我小心翼翼地挪过去了，耶！

Something about this guy makes me think he's a real sweetheart;
like the kind of guy who wouldn't wake a stranger if they fell asleep
on his shoulder. Maybe I should slide over there and . . . nope. That's
going too far. Right?

#SolCreep'Yeahhhh

卑尔根街

我打赌，这位时髦有型的布鲁克林男子知道所有由绿点区到高瓦纳的热闹去处。

我应该假装迷路了，然后问他在哪里下车——他一定知道怎么找到那个的"G"站。

#别想歪了！

第四大道 —— 第九街

轨道在这位福莱特粉丝的身后向无尽的远方延伸，让我有了一点渴望冒险的感觉。

不知他是否正准备踏上旅程，去看看现实中的"地球支柱"。除了我和一张欧洲火车通票，什么也不带。不用打包衣服了，我的宝贝，我脑内的情景可不需要衣服。

我带了两个人的行李哦

封面之间：
采访乔恩·G，
又名"足球猛男"

型男爱读书 我用尽所有的意志阻止我心中一路做高抬腿走到这个运动款猛男面前的欲望。不过，这会儿我要坐到后排去，一边想象他赛后交换球衣时候露出的完美身材，一边等待他的第一脚传球。如果他的比赛打得像我想象得那么好，我们很快就要认真"比赛"一场了。 # 一生的目标嗷嗷嗷嗷嗷嗷！# 型男爱读书

采访

型男爱读书：你被拍的时候在读什么书呢？

乔恩·G（JG）：丹尼尔·卡内曼的《思考，快与慢》。

型男爱读书：你的工作是什么？

JG：我经营一家叫作"桃子崛起运动"的公司，专营运动服装，我也是曼哈顿伊奎诺克斯健身俱乐部的一名私人教练。

型男爱读书：人总是会受到过去的影响。你童年最喜欢的书是什么？为什么最喜欢它？

JG：我以前最喜欢莫里斯·桑达克的《野兽国》，它引领我进入一个完全不同的世界，我喜欢这样的书。

型男爱读书：你最喜欢的书是什么？或者你最喜欢的作者是谁？为什么？

JG：说实话，我最喜欢的书经常换。现在，我最喜欢赫尔曼·黑塞的《悉达多》，这是一部经典著作，一本无与伦比的小说。

型男爱读书：你是个既老派又火辣的人，是什么让你选择了读纸质书，而不是使用 Kindle 或其他电子产品呢？

JG：我不能向电子阅读这个主流趋势屈服。这是个很棒的概念，不过不是我的菜。

型男爱读书：一个妹子 / 汉子读什么书会显得 TA 很性感？

JG：我喜欢妹子和我聊有智慧的话题，质疑名著中的观念。如果你是《五十度灰》 这一类书的忠实读者，对不起，我可不会向你求婚。

型男爱读书：你喜欢读精装书还是平装书？

JG：平装书。

型男爱读书：描述一下你第一次在型男爱读书账号上看到自己的感受，来吧。

JG：挺好笑的。我的朋友西尼第一个把截图发给了我，之后有 10 到 15 个人打电话给我，或者发照片给我。我想的第一件事是，该死的，我希望他们在照片下面给我和我的公司打个标签，这条帖子可是几天之内就有 17000 个 "赞" 了啊。

型男爱读书：上了我们的账号，给你的生活带来了什么改变？

JG：这件事刚发生时，女人们语带讽刺地说 "这事当然会到你头上啦"。所以谢谢你啦，型男爱读书……除了这个，我还因为读书被人拿来打趣，不过现在这种打趣已经上升到一个崭新的层次了。所以还是得谢谢你啦，型男爱读书……

型男爱读书：你在这之后遇到了什么桃花吗？有没有什么长期的感情关系？我的意思是……你是单身吗？我能约你吗？
JG：我没有约会的机会，没有长期关系。你可以说我是个单身汉。我可以约你呀，虽然没人知道你是男是女，所以我有点怀疑。

型男爱读书：你有没有利用你在《型男爱读书》上的出场来钓妹子 / 汉子？
JG：对那种书虫类型的小妞来说，这很有用呢。

型男爱读书：老实说，你有没有因为这条帖子和人上过床？
JG：在我那张照片的配文里你说我是足球运动员。为了回答你的问题，我现在喜欢看女子足球比赛。

型男爱读书：作为一个补充问题，你能不能确信我们正在按上帝的旨意做事？
JG：当然，上帝保佑你们的灵魂。

NO STANDING
Anytime
8am - 8:30am
Except Sunday
1 hour
metered
parking
8:30am - 7pm
Except Sunday
Marcy Av Station
Queens
Elev on Marcy Av
J
M
Z
Enter with or
MetroCard at
times or see
agent across
at Marcy Av
OSHA-10

J线和Z线我怎么都坐不够，这是我能在自然光下欣赏美男的线路。上升的轨道提供了更美的城市风景。这条线上人通常不多，而且它的终点在百老街！想知道我还喜欢什么宽的东西吗？#剧透注意 #并不是在说肩膀

木港大道

艾力克 [28]、凯斯宾 [29]、菲利普 [30]，这个艺术家以前曾被认为是他们中的一员，然而这些王子中没有人能够与这位现实中的王族比肩。

无论他在看什么故事，我都要把它读上一遍又一遍。只不过在这个版本的故事中，我要抢占先机。

幸福和快乐是结局

紫薇大道

我在通勤路上见过好几次这个沉思中的单身汉，但是
这一次，这些彩色玻璃窗让我以全新的目光看他。

我想象把他的靴子换成一双雕花皮鞋，夹克衫也换成
一件晚礼服。

我喜气洋洋的亲爹挽着我走过长廊……希望没人提出
反对！

#等等，不是你哎 #你是新郎啊 #赶紧把门锁上

Hewes Street

This beautiful fall weather has me jonesin' for a trip outside the city, so it's a good thing this plaid prince is already dressed for a pumpkin-picking adventure. I hope he doesn't mind getting those perfectly white kicks a little dirty, because I'm planning a detour in the haystacks.

#OneHelluvaHayride

Fire Department Standpipe Outlet

休斯大街

人们说，一个人在纽约走夜路得当心。

我偶然发现了这位正在夜读的、满身骑士风度的监护人，感觉安全多了。

请牵着我的手，领着我穿过黑暗，确保我安全到家吧。

#除非你家更近一些?

马西大道

在夜晚，每当跨越一座桥时，我总在想另一端的人们的生活会是怎样的。

拿这位扣子系到顶的仁兄来说吧，他看上去可爱又纯洁，不过一旦解下那些扣子，我打赌他不会害怕表现自己野性的一面。

他可走运了，因为我什么都敢尝试。

已经想好我的安全词了

东河公园

这个大块头正在全神贯注地读着《纽约客故事》，他不知道他最爱的"纽约故事"即将要发生了：他未来的未婚妻试图通过假装跌倒来吸引他的注意，结果一不小心摔掉了一颗牙。

介到里增开心 ³¹ ！

鲍威利

我一直在给我的狗狗找个未来的爸爸，这个正在看《野性的呼唤》的帅哥让我口水都流下来了。

这种行为可能不太好，但是我的罗孚不会是唯一在他进门的时候跳到他身上的那个。只要有足够的时间和耐心，他一定能把我驯服得服服帖帖的。

我只需要一些积极的鼓励，还有一些可口的奖励。

还有一块上好的骨头

弗利广场

城区的这一片地方有两种人：一种人接受陪审团的审判；另一种人被迫成为陪审团的一员。

除非令人心碎也是一种犯罪，否则我打赌他只是在这里履行他的公民义务。无论他站在被告还是原告那一边，我都要支持他的决定！

陪审团悬而不决

百老街

整整齐齐的头发和那副厚眼镜让我觉得这个硅谷精英
从西海岸走丢了。

我应该过去帮他弄明白这些复杂的地铁线路，不过他
大概已经为此发明了一款 App 了吧……如果是这样，
我要好好学习怎么"用"它。

在它公开募股以前

封面之间：
采访约翰·F，
又名"历史爱好者"

型男爱读书 说真的，有谁比地铁里读书的型男还养眼？一个正在温习古代大师作品的艺术史爱好者！我希望他比起波洛克[32]更喜欢提香[33]，这样我就可以报名当他的模特儿啦！ # 像画你那些法国女孩一样画我吧，杰克[34] # 型男爱读书

采访

型男爱读书：你被拍的时候在读什么书呢？
约翰·F（JF）：《赫兹的故事：电子产品、审美经验和关键的设计》。

型男爱读书：你的工作是什么？
JF：目前是一些关于软件和硬件创意设计的研究工作，还有在这个领域作为自由职业者接的一些单子。

型男爱读书：人总是会受到过去的影响。你童年最喜欢的书是什么？为什么最喜欢它？
JF：《红墙》系列。中世纪城堡里拿剑的动物什么的，可棒了。

型男爱读书：你最喜欢的书是什么？或者你最喜欢的作者是谁？为什么？

JF：大卫·麦考利 的《万物运转的秘密》，我爸爸以前为我读过这本书。你可以把一辈子都花在读这本书上。

型男爱读书：你是个既老派又火辣的人，是什么让你选择了读纸质书，而不是使用 Kindle 或其他电子产品呢？

JF：我整天都在用电子产品工作，书本能给我很好的触觉放松。

型男爱读书：一个妹子/汉子读什么书会显得 TA 很性感？

JF：《时尚》杂志的"红色热读"栏目吧。

型男爱读书：你喜欢读精装书还是平装书？

JF：平装书。

型男爱读书：描述一下你第一次在型男爱读书账号上看到自己的感受，来吧。

JF：困惑，然后是一阵焦虑。接着我的朋友陆续看到了，我又开始觉得好玩了。

型男爱读书：上了我们的账号，给你的生活带来了什么改变？

JF：现在我坐地铁看书的时候总是怀疑四周玩手机的人。

这条皇后区内线路最适合寻找你的国王了！从蜂拥涌向花旗球场（纽约大都会[35]的大本营）的运动员到朝着国家网球中心去的选手，找个运动款型男简直是小菜一碟。地铁线路是 7 号，# 但是我只看见十[36] 啊！

34 街 —— 哈德逊广场

医生医生，快拉警铃，有急诊！

我准备好躺到检查台上接受一点"特别关照"了。

我的心跳得好快，而且我确信我需要"全身检查"。

哎呀，我的病服滑脱了哎

42 街 —— 布赖恩特公园

我爱捕捉爱书的人离开纽约公共图书馆的时刻。

他最好赶紧把那本书看完，这样我就可以带他去借另一本。

希望他除了读书没别的什么事，因为我得先带他去别的地方。

图书馆可是调情的好地方 # 别躲在书架后面呀

中央车站 —— 42 街

在高峰时段的嘈杂中，既能保持范儿又泰然自若？

这位两者皆得的帅哥肯定花了不少时间在瑜伽馆里引导自己内在的"禅意"。

战士、苍鹰、莲花、我的男友——我想要他成为以上所有。在把这些角色都试过一遍之前，我是不会走的。

弗农大道

我正在这家古朴的皇后酒吧中休息，逃离城市的喧嚣一小会儿，这时我注意到这个猛男坐在吸烟（性感）区里。

我爱看到一个足够自信的男人独自坐着，陪伴他的只有一本书和一杯酿造啤酒。看起来，他在自己的世界里待得很舒适。不过呢，如果我给这位"独立自主先生"再买几杯酒，说不定他就会按照我的步调前进了。

互相依存很好！# 需要别人也是好事
来点关注最棒啦

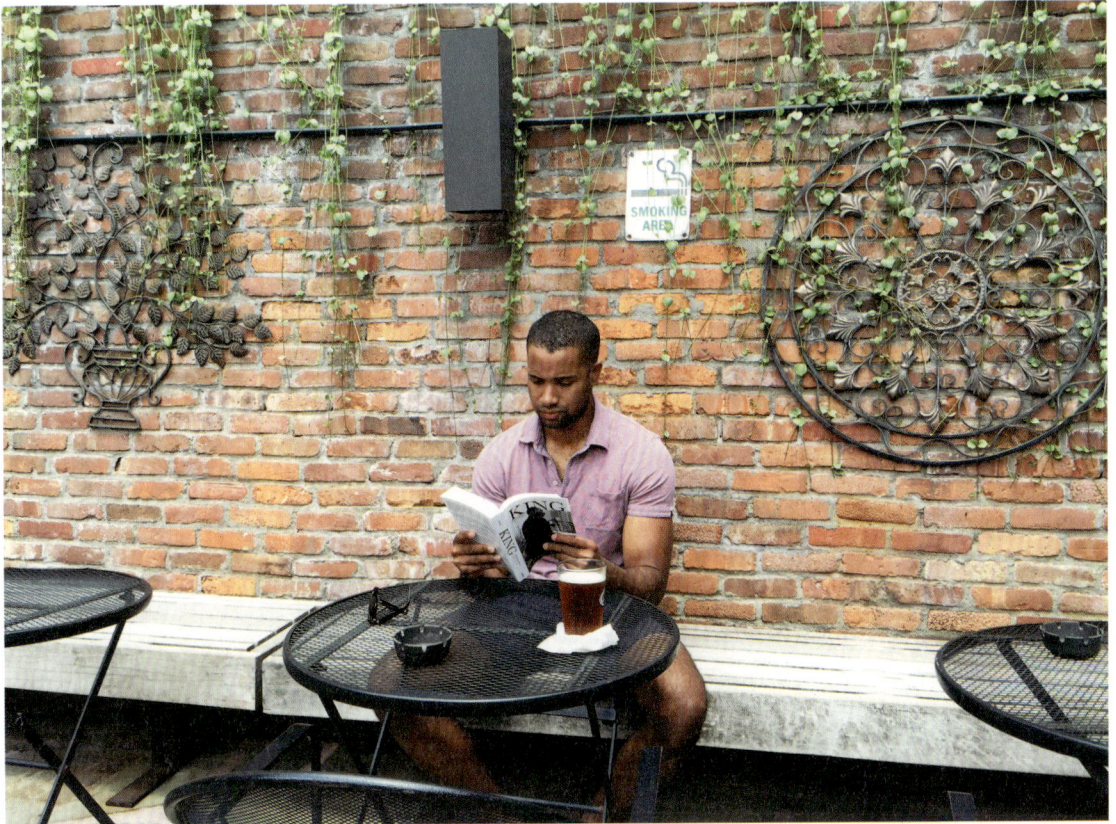

I was taking a break from the city in this quaint Queens pub when I noticed a stunner in the smoking (hot) section. I love it when a guy is confident enough to sit alone with just his book and a brew. He looks pretty comfortable in his own world, but maybe if I buy Mr. Independent a few more rounds, he'll start to see things my way.

#CoDependencyIsCool #NeedyIsNeat #AttentionIsAwesome

82 街 —— 杰克逊高地

就像那块广告牌上写的那样，我妈妈经常告诉我"礼貌很重要"。

在我感谢上苍把这个迷人的家伙带到我眼前之后，我要有礼貌地问他愿不愿意和我喝一杯。然后，如果他走运的话，我要把礼貌扔到九霄云外，然后把自己请到他的住处。

分享即关怀 # 我妈妈好像不是这个意思

N

M

N Coney Island via Manhattan Bridge
Late nights N via Whitehall St & Q
Bridge. Other times Q on opposite tra

34

34

34

DANGER

DANGER

Manhattan ⓡ **To Bay Ridge-95 St.**
Late nights take Ⓝ to
36 St, Brooklyn for ⓡ

我一直觉得，乘坐N、Q和R线路的老式地铁非常浪漫。坐这条线，你可以先去钻石区买只戒指，然后去中央公园来一次经典的求婚，最后直接到市政厅交换誓言。#坐豪华轿车去前台 #记得把隔板升上去

阿斯托利亚大道

N 线地铁升上地面的那一刻，我在一缕崭新的光芒中
看清了这位身材健壮的猛男。

无视他粗犷的外表，我知道任何一个会读《公主新娘》
的男人内心都有着浪漫的情怀。

我希望当我问他是不是在寻找金凤花公主的替身时，
他会回答"如你所愿"！

我倒是想呢

49 街

为了找个躲避地面上一群群观光客的地方，我钻进了
49 街地铁站，给自己点自由空间。

当我瞥见这个占了长凳的两个位置的时髦哥们儿时，
我的心意一下就改变了——我需要的不只是一点"空
间"，我需要一间房间！

#酒店 #汽车旅馆 #度假旅馆

34 街

城市的夏天或许是热得要死，但是如果这个衣冠楚楚的追求者在我面前一件件脱衣服，我是不会抱怨的。

我特别喜欢看男人衣着整齐光鲜的样子，不过呢，我也可能会把恒温器的温度调高，看看事态会如何发展。

字面上的"热男爱读书"

麦迪逊公园

我停下脚步，累得差点背过气去，这时我看见了这位长得像罗伯特·帕丁森的汉子。

我以为吸血鬼白天是不能出来的，不过他的肉体肯定会在阳光下闪闪发亮。而且我有种感觉，他在黑暗中看起来会更棒。

我准备好来一场带尖牙的激情体验了

I'm curious: What exactly constitutes an emergency? Whatever it is, consider me ready to fake one so I can grab this smoke show by the hand, pull him out the exit, and never look back. Just to be safe, I'll rush him straight to the refuge of my apartment till the coast is clear. But he should know, that emergency is the only thing I plan on faking today.

#UnlessHeAsksMyAge

普林斯街

我很好奇，达到什么条件才能被视为"紧急情况"？

不管是什么条件，我打算来一次假的紧急情况抓住这个大帅哥的手，带他跑出这个紧急出口，再也不回头看一眼。

为了保证安全，我要带他冲回我的公寓边，直到警报解除。不过他应该知道，这个"紧急情况"是我今天唯一想造假的东西了。

\# 除非他问我的年龄

展望公园

这位仁兄那一侧的草看上去似乎更加青绿些。

要是他的背包里有条毯子就好了，我真想在公园里来一次野餐。

我们可以一边注视着天上的云彩，一边聊聊最喜欢的作家，再一起分享红酒、芝士以及至少一块"硬肉"。

把萨拉米（一种欧洲的腌制肉肠）藏起来！

联合大街

穿过月台的时候我见到了他，于是我突然决定去坐开往
市中心的观光线路。

他看起来就像老套浪漫电影里那种火辣又具有异域风情
的潜水员，我已经开始想象他扮演一个更具冒险性质的
角色：可以是非洲游猎团的领队，也可以是澳洲内陆游
的向导。

希望他及时回家，我要像抱住一棵桉树一样把我的手臂
和大腿缠在他身上。

考拉式合格爱人

36 街

坐了 21 条地铁线路，拍了 75 个型男，穿越了 4 个大区，
我终于被抓到了。

不过呢……他看上去挺享受的。

\# 游戏结束

注 1：调查水门事件时内线人员的代号。

注 2：《星际迷航》中的外星种族。原文为 Stage Five Klingon，谐音
Stage Five cling-on，意为一天到晚黏着恋人的行为。

注 3：Babe Froman，谐音 Abe Froman，为电影《春天不是读书天》
中的一个角色。

注 4：The Situation，《泽西海岸》的主角之一。

注 5：此处原文为 GTL，出自《泽西海岸》中老状况的台词，"Gym,
Tan, Laundry"（健身房，日光浴，洗衣店）的简称。

注 6：此处为作者自由发挥的 GTL 全称。

注 7：get down，隐含自己要滚床单的意思。

注 8：原文书写为 BEDford，突出床的意思

注 9：原文为 The Incredible Hulk，隐喻电影《无敌浩克》。

注 10："绕个圈，打个结，再拉一拉"，美国系鞋带的口诀。

注 11：电影中，呼唤阴间大法师的名字三次就可以召唤他。

注 12：TA，助教 Teaching Assistant 的简称。T 和 A 在美国俚语中也指
胸部和屁股。

注 13：腰带上的扣眼，美国俚语指代有性吸引力的男女。

注 14：Instagram 上一个专门发布扎发髻男性照片的页面。

注 15：1 英尺 = 0.3048 米

注 16：帮助好朋友吸引异性关系的友人。

注 17：美国作家菲茨杰拉德所著小说《了不起的盖茨比》中的男主角。

注 18：美国作家塞林格所著小说《麦田里的守望者》中的男主角。

注 19：美国作家梅尔维尔所著小说《白鲸记》中的一条白鲸。

注 20：指用两脚的十趾勾住冲浪板前沿的动作。原文为"hang ten"。

注 21：即"hang ten"中的"ten"。

注 22：密度越高，织物质量越好。

注 23：《罗密欧与朱丽叶》中罗密欧家族的名字。

注 24：美国喜剧电影，讲述脱衣舞男的故事。

注 25：以冲击腹部的方式为发生急性呼吸道异物堵塞的患者实施急救。

注 26：《红磨坊》主题曲《果酱女郎》中的有名歌词，易洛魁语，意为"在苏必利尔湖岸"。

注 27：也有"他这人太美了"之意。

注 28：迪士尼动画《小美人鱼》中的王子。

注 29：英国奇幻小说《纳尼亚传奇》中的王子。

注 30：瑞典王子。

注 31："见到你真开心！"此处作者模仿牙掉了之后吐字不清的发音。

注 32：杰克逊·波洛克，美国抽象表现主义绘画大师。

注 33：提香·韦切利奥，意大利文艺复兴时期的著名画家。

注 34：电影《泰坦尼克号》中的著名台词。

注 35：纽约职业棒球大联盟球队。

注 36：英语俚语中指"身材很好，性感到了让人看了难受的地步"的人。

关于作者

型男爱读书的作者们是一群关系紧密的朋友，一群在纽约市工作的年轻专业人士。

他们本以为他们对爱读书的型男们那些暧昧又不体面的花痴行为只是个集体内部笑话，结果却在 Instagram 上引发了现象级浪潮。

这个账号获得了百万点击，还被《纽约时报》、《每日邮报》、VOGUE、Buzzfeed 网站，以及很多有质量的出版物报道了。在刷爆了预付款购买无数瓶桃红葡萄酒之后，他们神奇地维持住了彼此的友谊（并且走出了康复中心），如今在城市各处抓拍并追寻型男们。